目の不自由な人も 耳の不自由な人も
いっしょに楽しめる

かんたん体操25

斎藤道雄 著

黎明書房

はじめに
特別なことは何もない

　この本は，**目の不自由な方にも，耳の不自由な方にも，楽しんでカラダを動かしていただく**のが最大のテーマです。

　北海道旭川市に，養護盲人老人ホーム旭光園という高齢者施設があります。
　養護盲人老人ホームというのは，目の不自由な高齢の方が暮らしている施設です。

　その旭光園さまより，ぼくのところに，「ぜひ体操を教えに来てほしい」というご依頼がありました。

　これまでにも，参加者の中に，目が不自由な方が何人かいらっしゃるというケースはありました。
　ところが，参加者のほぼ全員の方が，目が不自由であるというのは，ぼくにとって，はじめての経験でした。

　そして，終わったあとの率直な感想は，
「たとえ目が不自由であっても，特別なことは何もない」ということでした。
　なぜなら，ぼくは，**目の不自由な方のために何か特別なことをしたのではなく，いつもどおりのことをした**からです。

　にもかかわらず，参加者のみなさまは，楽しんでカラダを動かされていました。

　終わったあとには，「楽しかった」とか，「元気が出た」とか，「こんなに声を出したのははじめてだ」なんて言う人もいました。

現場の様子を見ていたある介護スタッフの人は，「**どれもかんたんなものばかりで，むずかしいことはなにひとつしていない。なのに，とても楽しそうでした**」と驚かれていました。

　では，ぼくは，一体どんなこと（体操）をしたのか？
　目の不自由な方には，どんな言い方がよいのか？
　また，耳の不自由な方には，どんな見せ方がよいのか？

　それが，この本の中にあります。

　ぼくは，**特別なことは何もしていないと言いましたが，もしかしたら，それが，現場の方々にとっては，特別なこと**だったのかもしれません。

　その特別でない特別なこと。
　ぜひ楽しんで読んでください。

本書の特徴

● 高齢者施設のスタッフが，プロインストラクター並に支援できるように考えてつくりました。

● 体操はすべて，シンプルでかんたんな動作です。

● したがって，目の不自由な人にも，耳の不自由な人にもいっしょにできるような，**わかりやすい，やさしい動作です。**

● また，支援する側にとっても，**動作の説明がやさしくかんたんにできるよう**になっています。

● もちろん，自立，要介護のシニアのご本人のみなさまにも，ご活用いただけます。

● **すべて，椅子に腰掛けたままでできます。**
立ったり，寝転がったりする動作はありません。

● **道具は，一切不要**です。

● いつでも，どこでも，手軽でかんたんにできます。

本書の使い方

1. 対象者に，**目の不自由な方がいる場合には，**「目の不自由な人への言い方の極意」にある**言い方を参考にしてください。**

2. また，**耳の不自由な方がいる場合には，**「耳の不自由な人への見せ方の極意」にある**見せ方を参考にしてください。**

3. ふたつの極意を併用することで，対象者に，よりわかりやすい説明をすることができます。

4. 拡大コピーして，それを見ながら（または，見せながら）するのもおススメです。

5. 1回につき3〜5種目するのが目安です。それぞれ「ねらいと効果」の違うものをすると，バランスよくカラダを動かせます。

6. 無理は禁物。楽しんでやりましょう。

も　く　じ

はじめに　特別なことは何もない　2
本書の特徴　4
本書の使い方　5

Ⅰ　気分すっきりリフレッシュする！

① ひとおーつ！　8
② 深呼吸！　10
③ プチ瞑想　12

Ⅱ　カラダのバランス力を高める！

④ エアなわとび　14
⑤ グー・パー　16
⑥ つまさきタッチ　18
⑦ 片足バランス　20
プロテク 支援の極意1 目が不自由な方への支援のしかた　22
プロテク 支援の極意2 動作をよりわかりやすく伝える方法①　23

Ⅲ　姿勢がよくなる！　若返る！

⑧ おなかのチカラ　24
⑨ 胸張って　26

Ⅳ　足腰が強くなる！　転倒を予防する！

⑩ ひらいてチョン！　28
⑪ 気分は山歩き　30
⑫ みぎ！　ひだり！　32
⑬ 土俵入り　34

Ⅴ　身のこなしがしなやかになる！

⑭　ものマネお手玉　36
⑮　ドリブル上手　38
⑯　サイドステップ　40
（プロテク 支援の極意3）動作をよりわかりやすく伝える方法②　42
（プロテク 支援の極意4）体操をもっと楽しんでもらう秘訣　43

Ⅵ　腰痛を予防する！

⑰　セナカ丸め　44
⑱　折りたたみ携帯　46

Ⅶ　手先が器用になる！

⑲　チョキ！　48
⑳　カウントの達人　50

Ⅷ　肩こりを予防する！

㉑　つっぱり　52
㉒　りんご摘み　54
㉓　重量挙げ　56

Ⅸ　元気が出る！　やる気がアップする！

㉔　つな引き　58
㉕　バンザイ！　60

おわりに　弱さを認める強さ　62

Ⅰ　気分すっきりリフレッシュする！

❶ ひとおーつ！

ねらいと効果

◎顔の筋肉をほぐします。
◎声を出してストレスを発散します。

わかりやすい！ やりかた＆スタッフによる説明のしかた

① 足を肩幅にひらきます。
② 両手をひざに置きます。
③ ひとつ，ふたつ……と，声を出してかずをかぞえます。
　＊ひとつ〜とお，までかぞえます。
④ **「ひとつ」より「ひとおーつ」。ことばの最後を長くします。**
⑤ 口をより大きく動かすように意識します。
⑥ 全部で2セットします。

足をひらいて，手をひざに。

動作のポイント

次のページのイラストを参考に声を出してください。
ひとおーつ（縦に長く），ふたあーつ（丸く），みいーつ（横に長く），よおーっつ（縦に長く），いつうーつ（突き出す），むうーっつ（突き出す），ななあーつ（丸く），やあーっつ（丸く），ここのおーつ（縦に長く），とおー（縦に長く）

〈目の不自由な人への言い方の極意〉

〈④「ひとつ」より「ひとおーつ」。**ことばの最後を長くします。**〉と言いますと，口の動きがよくなり，運動効果がアップします。

こんな唇のかたちで声を出す

縦に長く

丸く

横に長く

突き出す

〈耳の不自由な人への見せ方の極意〉

〈④「ひとつ」より「ひとおーつ」。ことばの最後を長くします。〉のときに、くちのあけかたと顔の表情を、より大げさにします。

より大げさに口をあけて、より大げさな表情で。

Ⅰ 気分すっきりリフレッシュする！

9

Ⅰ　気分すっきりリフレッシュする！

❷ 深呼吸！

ねらいと効果

◎呼吸筋を強化します。
◎気分がリフレッシュします。

わかりやすい！やりかた＆スタッフによる説明のしかた

① 両足を肩幅より少し広めにします。
② 両手を横に広げます。
③ 胸を前に突き出します。
④ **鼻から，すう〜〜〜っと息をいっぱいに吸い込みます。**
⑤ 両手を前でクロスして，背中を小さく丸めます。
⑥ **口から，ふう〜〜〜っと息を限界まではき出します。**
⑦ １分間します。

両手を広げて，胸の前に突き出す。

動作のポイント

胸を張って吸い込む，背中を丸めてはき出すイメージを持ちましょう。

口から，ふう〜〜〜っと息を限界まではき出す。

〈目の不自由な人への言い方の極意〉

〈⑥口からふう〜〜〜っと息を限界まではき出します。〉と言いますと，自然で深い呼吸になります。

〈耳の不自由な人への見せ方の極意〉

〈④鼻から，すう〜〜〜っと息をいっぱいに吸い込みます。〉のときに，目の前の空気をすべて吸い込んでいるかのような顔の表情とアクションを大げさにします。

Ⅰ 気分すっきりリフレッシュする！

大げさすぎるぐらいに，胸を突き出して。

Ⅰ　気分すっきりリフレッシュする！

❸ プチ瞑想

ねらいと効果

◎集中力がアップします。
◎心身がリラックスします。

わかりやすい！やりかた＆スタッフによる説明のしかた

① 足を肩幅にひらきます。
② 両手をひざの上に置きます。
③ **手のひらを上にします。**
④ その状態で，しずかに目を閉じます。
⑤ **鼻から，ゆっくりと息を吸い込みます。次に，口からゆっくりと息をはき出します。**
⑥ 3分間続けます。

手のひらを上にする。

動作のポイント

最後まで息をはき出すようにすると，自然に深い呼吸になります。

口からゆっくりと息をはき出す。

〈目の不自由な人への言い方の極意〉

〈③手のひらを上にします。〉と言いますと，腕やカラダの力が抜きやすくなります。

〈耳の不自由な人への見せ方の極意〉

〈⑤鼻から，ゆっくりと息を吸い込みます。次に，口からゆっくりと息をはき出します。〉のときに，息を吸い込む動作とはき出す動作を大げさにアクションします。

吸い込む，はき出す動作を，より大げさに。

Ⅰ　気分すっきりリフレッシュする！

Ⅱ　カラダのバランス力を高める！

❹ エアなわとび

ねらいと効果

◎足腰を強化します。
◎肩の柔軟性がアップします。

わかりやすい！やりかた＆スタッフによる説明のしかた

① 足を腰幅にします。
② 手のひらを上にします。
③ ひじを軽く曲げます。
④ 両手になわとびを持つマネをしてみましょう。
⑤ **なわとびをとぶイメージで，なわを回すように両手を動かします。**
⑥ **慣れてきたら，なわを回すタイミングに合わせて，かかとを持ち上げましょう。**
⑦ 弾むようにジャンプするようなイメージを持ちましょう。
⑧ 全部で8回します。

なわとびを持つマネをする。

楽しむポイント

イメージが肝心です。かろやかになわとびするつもりでやりましょう。

なわとびをとぶイメージでなわを回す。

14

〈目の不自由な人への言い方の極意〉

〈⑥慣れてきたら，なわを回すタイミングに合わせて，かかとを持ち上げましょう。〉と言いますと，動作のイメージがより明確になります。

〈耳の不自由な人への見せ方の極意〉

〈⑤なわとびをとぶイメージで，なわを回すように両手を動かします。〉のときに，実際に，なわとびをしているようなジェスチャーを大げさにします。

Ⅱ　カラダのバランス力を高める！

スローモーションで，いかにも「なわとびをしている感じ」で。

Ⅱ　カラダのバランス力を高める！

❺ グー・パー

ねらいと効果
◎足腰を強化します。
◎バランス感覚を維持します。

わかりやすい！やりかた＆スタッフによる説明のしかた

① 足を腰幅にひらきます。
② 両手でイスをつかみます。
③ 足とひざを閉じます。（グー）
④ 次に，両足を肩幅より広くひらきます。（パー）
⑤ **「グー・パー」と声に出してやってみましょう。**
⑥ 全部で４回します。

足とひざを閉じる。

足とひざをひらく。

安全のポイント
両手でイスをつかむことで，転倒予防になります。

〈目の不自由な人への言い方の極意〉

〈⑤「グー・パー」と声に出してやってみましょう。〉と言いますと，リズム感がよくなり，運動効果がアップします。

〈耳の不自由な人への見せ方の極意〉

〈⑤「グー・パー」と声に出してやってみましょう。〉の動作のときに，「グー・パー」の口の動きを，より大げさにします。

グーは（カラダを）小さく，パーは大きく。動作をより大げさに。

Ⅱ　カラダのバランス力を高める！

❻ つまさきタッチ

> **ねらいと効果**

◎転倒予防になります。
◎腹筋を強化します。

> **わかりやすい！やりかた＆スタッフによる説明のしかた**

① 　足を肩幅にひらきます。
② 　右足を持ち上げます。
③ 　右手で右足のつまさきをタッチします。
④ 　**手を伸ばすより，足を手に近づけるようにします。**
⑤ 　反対も同じようにします。
⑥ 　左右交互に４回ずつします。

つまさきをタッチする。

よいしょ

手を伸ばすより，足の方を手に近づける。

> **安全のポイント**

むずかしいときは無理せずに足首やすねをタッチしてもOKです。
内側からタッチしてもOKです。

〈**目の不自由な人への言い方の極意**〉

〈**④手を伸ばすより，足を手に近づけるようにします。**〉と言いますと，動作のイメージがより明確になり，運動効果がアップします。

〈**耳の不自由な人への見せ方の極意**〉

〈**④手を伸ばすより，足に手を近づけるようにします。**〉の動作のときに，足を手に近づけるような動作をより強調します。

足を手に近づける動作を強調する。

Ⅱ　カラダのバランス力を高める！

❼ 片足バランス

ねらいと効果
◎平衡感覚が高まります。
◎集中力がアップします。

わかりやすい！やりかた＆スタッフによる説明のしかた

① 足を腰幅にひらきます。
② 背筋をまっすぐにピンと伸ばします。
③ 両手を少し横にひらいて，手のひらを下にします。
④ **手のひらで床を押さえるイメージを持ちましょう。**
⑤ **片足を少し持ち上げて，バランスをとります。**
⑥ そのままの状態で，8カウントします。
⑦ 反対の足でもチャレンジしてみましょう。

片足を持ち上げる。

安全のポイント
足をあげるのがむずかしい場合は，つまさきをつけたままで，かかとを持ち上げてもOKです。

むずかしければ，かかとを持ち上げるだけでも OK!

〈目の不自由な人への言い方の極意〉

〈④手のひらで床を押さえるイメージを持ちましょう。〉と言いますと，動作のイメージがより明確になり，バランス感覚がアップします。

〈耳の不自由な人への見せ方の極意〉

〈⑤片足を持ち上げて，バランスをとります。〉のときに，かかしのポーズで，いかにも集中している顔の表情をします。

Ⅱ　カラダのバランス力を高める！

バランスをとっている，いかにも集中している表情で。

プロテク　支援の極意1

目が不自由な方への支援のしかた
目が不自由かどうかに関係なくその人の気持ちを知る

あるデイサービスで体操支援をしたときの話です。

参加者に，目が不自由な女性シニアがいらっしゃいました。

スタッフの話によれば，その方は，あまりカラダを動かそうとしないということでした。その理由は……，

「教えられたとおりにできないと恥ずかしいから」
「腕を大きく動かすと，ぶつかるかもしれないから」

その話を聞いて，ぼくはその方に，こう言いました。

「○○さんが座る席は，一番後ろの端っこです。誰にもわからない場所ですから間違えても大丈夫。心配ありませんよ」
「思いっきり両手を前後左右に動かしても，何かにぶつかるようなことはありませんから，のびのびやってくださいね」

カラダを動かそうとしない原因は「不安」です。
したがって，**安心へ導く働きかけが大事**です。

目が不自由だからと言っても，いろいろな性格の人がいますし，人それぞれ気持ちや考えが違います。

目が不自由かどうかに関係なく，その人の気持ちや考えを知る。知ることで，その支援の方法がきっと見つかります。

プロテク　支援の極意.2

動作をよりわかりやすく伝える方法①
最高のお手本は，オーケストラの指揮者

　参加者に，目の不自由な方や，耳の不自由な方がいらっしゃる場合，どうやって動作を説明したらよいのでしょうか？

　最高のお手本は，オーケストラの指揮者です。

　たとえば，両手をにぎる（グーにする）とします。
ただ単に，「グー」と言ってするより，
思いっきり力強そうな，声と顔をして，「グーーー！！」

すると**見ている人や聞いている人にも，その強い力感が伝わります。**

　たとえ，目または耳のどちらかが不自由であっても，目と耳のどちらからも情報が伝わりますから，その伝達効果は抜群です。

　大事なのは，動作に自分の気持ちや思いを込めることです。
　そうすれば，その気持ちは，相手にも必ず伝わります。
　ぼくの場合は，「動いてほしい」願いをこめます。

Ⅲ 姿勢がよくなる！ 若返る！

⑧ おなかのチカラ

ねらいと効果
◎腹筋を強化します。
◎姿勢を保持します。

わかりやすい！やりかた＆スタッフによる説明のしかた

① 足を肩幅にします。
② 背筋をピンと伸ばします。
③ 両手をおへそにあてます。
④ 両手でおなかを少し押します。
⑤ このときに，**手を押し返すようなイメージでおなかに力を入れてみましょう。**
⑥ おなかに力を入れるときには，フウ〜〜〜っと息をはき出します。
⑦ 全部で8回します。

手でおなかを押す。

手を押し返すように，おなかに力を入れる。

> **動作のポイント**

フウ～～～っと，声に出して息をはき出しましょう。

〈目の不自由な人への言い方の極意〉

〈⑤手を押し返すようなイメージでおなかに力を入れてみましょう。〉と言いますと，動作のイメージがより明確になります。

〈耳の不自由な人への見せ方の極意〉

〈⑤手を押し返すようなイメージでおなかに力を入れてみましょう。〉のときに，いかにもおなかに力を込めているような顔の表情を大げさにします。

いかにもおなかに力が入っている表情を，より大げさに。

Ⅲ 姿勢がよくなる！ 若返る！

❾ 胸張って

ねらいと効果
◎姿勢を保持します。
◎胸をストレッチします。

わかりやすい！やりかた＆スタッフによる説明のしかた

① 足を肩幅にひらきます。
② 両手を軽くにぎります。
③ **ひじを曲げて，肩の高さぐらいにします。**
④ ゆっくりとひじを後ろに引いていきます。
⑤ このときに，**胸を前に突き出すようにします。**
⑥ 手をおろします。
⑦ 全部で4回します。

ひじと肩が同じくらいの高さに。

ひじを引いて，胸を突き出す。

動作のポイント

ひじを後ろに引くときに，ひじが下がらないようにしましょう。

〈目の不自由な人への言い方の極意〉

〈③ひじを曲げて，肩の高さぐらいにします。〉と言いますと，動作がより明確になり，運動効果がアップします。

〈耳の不自由な人への見せ方の極意〉

〈⑤胸を前に突き出すようにします。〉のときに，「とっても気持ちいい〜〜〜」顔の表情をします。

いかにも，「気持ちよさそうな顔」で。

Ⅲ　姿勢がよくなる！　若返る！

27

Ⅳ　足腰が強くなる！　転倒を予防する！

❿ ひらいてチョン！

ねらいと効果

◎足腰を強化します。
◎手，腕，肩の機能を維持します。

わかりやすい！やりかた＆スタッフによる説明のしかた

① 両手を横にひらいて，手のひらを下にします。
② 同時に両足を肩幅にひらきます。
③ 次に，拍手をしながら，同時に両足を閉じます。
④ 「ひらいてチョン」と口に出して言いながらします。
⑤ 全部で8回します。

手と足を同時にひらく。

安全のポイント

足を肩幅にひらくのがむずかしいときは，腰幅でもOKです。

手と足を同時に閉じる。

〈目の不自由な人への言い方の極意〉

〈④「ひらいてチョン」と口に出して言いながらします。〉と言いますと，動作のイメージが明確になり，リズム感がよくなります。

〈耳の不自由な人への見せ方の極意〉

〈④「ひらいてチョン」と口に出して言いながらします。〉の動作のときに，口をより大きくあけて，顔の表情とアクションを大げさにします。

Ⅳ 足腰が強くなる！ 転倒を予防する！

表情と動作を，より大げさに。

Ⅳ 足腰が強くなる！ 転倒を予防する！

⓫ 気分は山歩き

ねらいと効果
◎足腰を鍛えます。
◎想像力が働きます。

わかりやすい！やりかた＆スタッフによる説明のしかた

① 足を腰幅にひらきます。
② **手を前後に振りながら，その場で足ぶみします。**
③ **山の中を歩いている自分を想像します。**
④ たとえば……，
　　平らな道は軽快。ゆるやかな坂道。
　　ちょっときつい坂道。
⑤ ほかにも……
　　木漏れ日。森林浴。絶景。山頂。下り坂。
⑥ ３分間歩きます。

手を振りながら足ぶみする。

山の中を歩いているイメージで。

楽しむポイント

情景を口に出して言葉にすることで，想像力が存分に働きます。

###〈目の不自由な人へ言い方の極意〉

〈③山の中を歩いている自分を想像します。〉と言いますと，想像力が高まり，エネルギーがアップします。

〈耳の不自由な人への見せ方の極意〉

〈②手を前後に振りながら，その場で足ぶみします。〉の動作のときに，満面の笑顔で，気持ちよさそうな顔の表情をします。

Ⅳ　足腰が強くなる！　転倒を予防する！

大げさすぎるくらいに，楽しそうに。

Ⅳ　足腰が強くなる！　転倒を予防する！

⑫ みぎ！ ひだり！

ねらいと効果

◎集中力がアップします。
◎足腰を強化します。

わかりやすい！やりかた＆スタッフによる説明のしかた

① 　椅子に浅く腰かけます。
② 　足を腰幅にひらきます。
③ 　手を軽くにぎります。
④ 　**腕を前後に振りながら，足ぶみします。**
⑤ 　「みぎ！ ひだり！ みぎ！ ひだり！ …」
　　と，元気に声に出して言います。
⑥ 　１分間します。

ひじを曲げて，手を軽くにぎる。

声を出しながら，足ぶみする。

楽しむポイント

全員で声を出すと，全体の雰囲気がより盛り上がります。

〈目の不自由な人への言い方の極意〉

〈④腕を前後に振りながら，足ぶみします。〉と言いますと，腕の動作のイメージが明確になり，運動効果がアップします。

〈耳の不自由な人への見せ方の極意〉

〈⑤「みぎ！ ひだり！ みぎ！ ひだり！ …」と，元気に声に出して言います。〉のときに，口の動きを大きくはっきりして，大げさに動作をします。

Ⅳ 足腰が強くなる！ 転倒を予防する！

口をあけて，強い声を出す。

Ⅳ　足腰が強くなる！　転倒を予防する！

⓭ 土俵入り

ねらいと効果
◎足腰を鍛えます。
◎バランス感覚を養います。

わかりやすい！やりかた＆スタッフによる説明のしかた

① 足を肩幅より広めにひらきます。
② 両手をひざにおきます。
③ 背筋をピンと伸ばします。
④ 片足を上に少し持ち上げて，静かにおろします。
⑤ **「ヨイショーーー！」と元気に掛け声をかけてやってみましょう。**
⑥ 左右交互に，4回ずつします。

背筋を伸ばす。

おすもうさんの四股ふみのように「ヨイショーーー！」。

安全のポイント

無理をして,足を高く持ち上げすぎないようにしましょう。

〈目の不自由な人への言い方の極意〉

〈⑤「ヨイショーーー!」と元気に掛け声をかけてやってみましょう。〉と言いますと,動作のタイミングがより明確になり,足腰の力がパワーアップします。

〈耳の不自由な人への見せ方の極意〉

〈⑤「ヨイショーーー!」と元気に掛け声をかけてやってみましょう!〉のときに,口を大きくあけて,ニッコリ笑顔でアクションします。

Ⅳ 足腰が強くなる!転倒を予防する!

口をあけて,強い声で「ヨイショーーー!」

Ⅴ　身のこなしがしなやかになる！

❶4 ものマネお手玉

ねらいと効果
◎手先の器用さを維持します。
◎手首の柔軟性が向上します。

わかりやすい！やりかた＆スタッフによる説明のしかた

① 両手を前に出します。
② 手のひらを上にします。
③ **両手にひとつずつお手玉を持っているイメージを持ちます。**
④ 右手のお手玉を上に投げます。
⑤ **お手玉が落ちてくる前に，左手のお手玉を右手に持ちかえます。**
⑥ 左手で，落ちてくるお手玉をキャッチします。
　（※すべてイメージ）
⑦ 全部で8回します。

お手玉を持っているイメージで。

お手玉をしている感じで。

> **楽しむポイント**

イメージがすべてです。実際にお手玉をしているつもりで楽しんでしましょう。

〈目の不自由な人への言い方の極意〉

〈③**両手にひとつずつお手玉を持っているイメージを持ちます。**〉と言いますと，想像力が働き，動作がより明確になります。

〈耳の不自由な人への見せ方の極意〉

〈⑤**お手玉が落ちてくる前に，左手のお手玉を右手に持ちかえます。**〉のときに，いかにもお手玉をしているように，大げさにアクションします。

スローモーションで，手の動きをより大げさに。

Ⅴ 身のこなしがしなやかになる！

❶❺ ドリブル上手

ねらいと効果

◎手先の器用さを維持します。
◎手首の柔軟性をアップします。

わかりやすい！やりかた＆スタッフによる説明のしかた

① 足を肩幅にひらきます。
② 右手を前に出します。
③ 手のひらを下にします。
④ ひじを軽く曲げます。
⑤ **まりつき，またはドリブルの動作のマネをします。**
⑥ **手首をやわらか〜〜〜く動かします。**
⑦ 全部で１０回します。
⑧ 反対の手でもします。

ひじを曲げて，手のひらを下にする。

まりつきのマネをする。

楽しむポイント

イメージが肝心。実際にボールが弾んでいるイメージを持ちましょう。

〈目の不自由な人への言い方の極意〉

〈⑥手首をやわらか～～～く動かします。〉と言いますと，動作のイメージがより明確になり，手首の柔軟性がアップします。

〈耳の不自由な人への見せ方の極意〉

〈⑤まりつき，またはドリブルの動作のマネをします。〉の動作のときに，実際にドリブルをしているようにより大げさにアクションします。

Ⅴ 身のこなしがしなやかになる！

スローモーションで，手と足の動きをより大げさに。

Ⅴ　身のこなしがしなやかになる！

⓰ サイドステップ

ねらいと効果
◎足の運びがスムーズになります。
◎転倒予防になります。

わかりやすい！やりかた＆スタッフによる説明のしかた

① 両足を閉じます。
② 右足を横に踏み出します。（み〜ぎ）
③ 次に，**左足を，右足に引き寄せてそろえます。**（ひだ〜り）
④ 反対にも同じようにします。
⑤ **「み〜ぎ，ひだ〜り」「ひだ〜り，み〜ぎ」と声を出しながらします。**
⑥ 全部で１０回します。

右足を横に踏み出す。

左足を引き寄せる。

🟥 楽しむポイント

全員で声を出すと，楽しさが倍増します。

〈目の不自由な人への言い方の極意〉

〈③左足を，右足に引き寄せてそろえます。〉と言いますと，動作のイメージがより明確になり，足の運びがスムーズになります。

〈耳の不自由な人への見せ方の極意〉

〈⑤「み～ぎ，ひだ～り」「ひだ～り，み～ぎ」と声を出しながらします。〉の動作のときに，口をより大きくあけて，大げさにアクションします。

スローモーションで，足の動きをより大げさに。
＊参加者の向きに合わせて動いています。

Ⅴ 身のこなしがしなやかになる！

プロテク　支援の極意3

動作をよりわかりやすく伝える方法②
誰もが知っているようなシンプルでかんたんな動作で

　参加者のみなさんに，動作をわかりやすく説明する秘訣は，誰もが知っているような遊びの動作を取り入れることです。

　たとえば，なわとび。

　なわとびなら，誰もが知っていますし，「なわとびをとぶ」と聞いただけで，その映像がすぐに目に浮かんできます。
　ただし，**あくまでも，ものマネです。**

　ものマネの最大のメリットは，「説明不要」です。

　さらに，驚いたことに，ふつうの体操のときよりも，手や足の動きがとてもよくなります。
　きっとカラダが動作を覚えているのでしょう。

　ほかにも，お手玉や，まりつきやドリブルのマネなどでもできます。

　また，グー・パー，足ぶみ，バンザイ，などもすぐにわかります。
　わかりやすい説明の秘訣は，わかりやすい動作にすることです。

42

プロテク　支援の極意4

体操をもっと楽しんでもらう秘訣
きちんとすることにこだわらない。もっと楽しんで。

　ちょっとびっくりするかもしれませんが，ぼくの理想は，宴会のような体操です。
　踊ったり，手拍子したり，誰もがみんな，楽しんでする。決していやいやではなく，楽しみたいからする。あの雰囲気は，もう最高です。

　特に，介護施設にいらっしゃるようなシニアの方の場合は，気力や体力が著しく減退している方が多くいらっしゃいます。
　年をとると，カラダを動かすのが億劫になります。

　その方々に，いくら「健康のために体操しましょう」と言ったところで，やはり無理があります。

　ぼくの経験では，**体操って，あまりにもきちんとしようとすると，つまらなくなってしまいます。**

　他の人と同じようにできなくたって大丈夫！

　もっと気軽に，もっと楽しんで，もっと笑って。

　それが体操を楽しむ秘訣です。

Ⅵ　腰痛を予防する！

⑰ セナカ丸め

ねらいと効果
◎肩の柔軟性を維持します。
◎背中をストレッチします。

わかりやすい！やりかた＆スタッフによる説明のしかた

①　足を肩幅にひらきます。
②　両手を前に伸ばします。
③　**息をゆっくりはきながら，頭を下げていきます。**
④　**腕と肩を，前に押し出していきます。**
　　この姿勢で，おへそをうしろに引きます。
⑤　全部で４回します。

足をひらいて，腕を前に。

腕と肩を前に，おへそをうしろに。

安全のポイント

息を止めたり，力まないようにしましょう。

〈目の不自由な人への言い方の極意〉

〈④腕と肩を，前に押し出していきます。〉と言いますと，動作のイメージがより明確になり，運動効果がアップします。

〈耳の不自由な人への見せ方の極意〉

〈③息をゆっくりはきながら，頭を下げていきます。〉のときに，息をはき出す顔の表情を，より大げさにします。

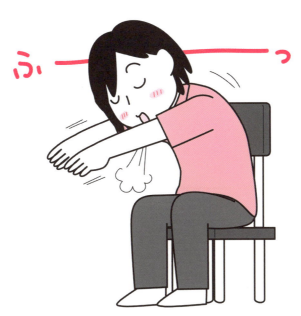

息をはき出す感じの表情を大げさすぎるくらいに。

Ⅵ　腰痛を予防する！

⑱ 折りたたみ携帯

ねらいと効果
◎股関節(両脚のつけ根)の動きを維持します。
◎転倒予防になります。

わかりやすい！やりかた＆スタッフによる説明のしかた

① 　足を肩幅にひらきます。
② 　背筋をまっすぐにピンと伸ばします。
③ 　両手をひざに置きます。
④ 　**背筋を伸ばしたままで，上体を少し前に倒します。**
⑤ 　**おへそを下に向けていくイメージを持ちましょう。**
⑥ 　全部で４回します。

足をひらいて，背すじを伸ばす。

おへそを下に向ける感じで。

動作のポイント

頭が下がったり，背中が丸まらないようにしましょう。

〈目の不自由な人への言い方の極意〉

〈⑤おへそを下に向けていくイメージを持ちましょう。〉と言いますと，動作のイメージがより明確になります。

〈耳の不自由な人への見せ方の極意〉

〈④背筋を伸ばしたままで，上体を少し前に倒します。〉のときに，背筋を伸ばしている感じ（胸をはるとよい）を強調します。

背筋を伸ばしたままで，上体を前に。

Ⅵ　腰痛を予防する！

Ⅶ 手先が器用になる！

⑲ チョキ！

ねらいと効果
◎手先の器用さを維持します。
◎手腕の血行を促進します。

わかりやすい！やりかた＆スタッフによる説明のしかた

① 足を肩幅にひらきます。
② 両手を前に出します。
③ かるく手をにぎります。
④ ひと差しゆびと中ゆびの2本だけを伸ばします。
⑤ **2本の指を，お〜〜〜きくひらきます。**
⑥ 「チョキーーー」と，声に出してやってみましょう。
⑦ 全部で4回します。

ひと差しゆびと中ゆびをピンと伸ばす。

ゆびのつけ根から，ひらく。

動作のポイント

指の根元から動かすイメージを持ちましょう。

〈**目の不自由な人への言い方の極意**〉

〈⑤ 2本の指を，お〜〜〜きくひらきます。〉と言いますと，動作のイメージがより明確になり，運動効果がアップします。

〈**耳の不自由な人への見せ方の極意**〉

〈⑥「チョキーーー」と，声に出してやってみましょう。〉の動作のとき，顔の表情と手の動作を，より大げさにアクションします。

Ⅶ　手先が器用になる！

表情と動作を大げさすぎるくらいに。

Ⅶ　手先が器用になる！

⑳ カウントの達人

ねらいと効果
◎指先の器用さを維持します。
◎手の血行を促進します。

わかりやすい！やりかた＆スタッフによる説明のしかた

① 足を肩幅にひらきます。
② 両手を前に出します。
③ 手をひらいて，親指から順にいっぽんずつ指を折っていきます。
④ 1〜5まで曲げたら，6〜10までいっぽんずつ小指から順にひらいていきます。
⑤ **指の根元からしっかりと曲げていくのを意識します。**
⑥ **声を出して，「いち」から「じゅう」まで，かぞえます。**
⑦ 全部で4回します。

親指から順に折っていく。

小指から順にひらいていく。

楽しむポイント

声を出してかぞえると，全体のムードが盛り上がります。

〈目の不自由な人への言い方の極意〉

〈⑤指の根元からしっかりと曲げていくのを意識します。〉と言いますと，動作のイメージがより明確になり，運動効果がアップします。

〈耳の不自由な人への見せ方の極意〉

〈⑥声を出して，「いち」から「じゅう」まで，かぞえます。〉のときに，口を大きくあけて，ゆびの動きをゆっくりとていねいにします。

Ⅶ 手先が器用になる！

スローモーションで，指の動きを強調する。

Ⅷ 肩こりを予防する！

㉑ つっぱり

ねらいと効果
◎腕をストレッチします。
◎手首の柔軟性を維持します。

わかりやすい！やりかた＆スタッフによる説明のしかた

① 足を肩幅より広めにひらきます。
② ひじを曲げて，手のひらを前向きにします。
③ 手のひらを前にしたまま，右手を前に出します。
④ **手だけでなく，腕と肩をグイッと前に押し出すようにします。**
⑤ **「ヨイショーーー！」の掛け声にあわせてやってみましょう。**
⑥ 右手を元に戻したら，左手も同じようにします。
⑦ 左右交互に，4回ずつします。

ひじを曲げて手のひらを前に。

手だけでなく，腕と肩を前に押し出す。

楽しむポイント

掛け声をかけると，全体の雰囲気がぐんと盛り上がります。

〈**目の不自由な人への言い方の極意**〉

〈④手だけでなく，腕と肩をグイッと前に押し出すようにします。〉と言いますと，動作がより明確になり，運動効果がアップします。

〈**耳の不自由な人への見せ方の極意**〉

〈⑤「ヨイショーーー！」の掛け声にあわせてやってみましょう。〉のときに，顔の表情と動作を，より大げさにアクションします。

Ⅷ　肩こりを予防する！

声を出して，元気よく。

Ⅷ　肩こりを予防する！

㉒　りんご摘み

ねらいと効果
◎手先の器用さを維持します。
◎腕をストレッチします。

わかりやすい！やりかた＆スタッフによる説明のしかた
① 　足を肩幅にひらきます。
② 　右手のゆびをひらいて，上に伸ばします。
③ 　左手はにぎって，肩のところで曲げます。
④ 　**りんごを，木の枝から摘み取るイメージを持ちましょう。**
⑤ 　反対も同じようにします。
⑥ 　全部で8回します。

ゆびをひらいて，腕を上げる。

枝からりんごを摘み取るイメージ。

楽しむポイント

実際に，そこに本物のりんごがあるかのように想像力を働かせましょう。

〈目の不自由な人への言い方の極意〉

〈④りんごを，木の枝から摘み取るイメージを持ちましょう。〉と言いますと，動作のイメージがより明確になり，運動効果がアップします。

〈耳の不自由な人への見せ方の極意〉

〈④りんごを，木の枝から摘み取るイメージを持ちましょう。〉のときに，実際にりんごを摘み取るような手指の動作をします。

Ⅷ 肩こりを予防する！

いかにも，りんごがあるような感じで。

Ⅷ 肩こりを予防する！

㉓ 重量挙げ

ねらいと効果

◎足腰を強化します。
◎腕をストレッチします。

わかりやすい！やりかた＆スタッフによる説明のしかた

① 足を肩幅より広くひらきます。
② 背筋をピンと伸ばします。
③ 肩のところで，軽く手をにぎります。
④ **両手をゆっくりと上に持ち上げていきます。**
⑤ 重量挙げをイメージして，バーベルを持ち上げるつもりでやりましょう。
⑥ **腕だけでするのではなく，足をしっかりと床につけて，足腰を意識しましょう。**
⑦ 全部で4回します。

バーベルをかついでいるイメージで。

足をしっかりと床につけて。

56

> **安全のポイント**

無理をしないように。腕をあげるときに，ひじが曲がっていてもＯＫです。

〈目の不自由な人への言い方の極意〉

〈⑥腕だけでするのはでなく，足をしっかりと床につけて，足腰を意識しましょう。〉と言いますと，動作のイメージがより明確になり，運動効果がアップします。

〈耳の不自由な人への見せ方の極意〉

〈④**両手をゆっくりと上に持ち上げていきます。**〉のときに，いかにも重量挙げをしているような顔の表情と動作を大げさにします。

Ⅷ 肩こりを予防する！

いかにも，「重たそう〜」な顔で。

Ⅸ　元気が出る！　やる気がアップする！

㉔ つな引き

ねらいと効果

◎握力がアップします。
◎足腰を強化します。

わかりやすい！やりかた＆スタッフによる説明のしかた

① 　足を腰幅にひらきます。
② 　片足を一歩前に出します。
③ 　両手を前に出して，手をにぎります。
④ 　**しっかりと床に足をつけて，つな引きの動作のマネをします。**
⑤ 　「ヨイショ，ヨイショ」と掛け声をかけます。
⑥ 　全部で１０回します。

つな引きのつなをつかむイメージ。

床に足をしっかりつけて，つなを引く。

楽しむポイント

全員で掛け声をかけると，楽しさが倍増します。

〈目の不自由な人への言い方の極意〉

〈④しっかりと床に足をつけて，つな引きの動作のマネをします。〉と言いますと，動作のイメージがより明確になり，手や腕の力がパワーアップします。

〈耳の不自由な人への見せ方の極意〉

〈⑤「ヨイショ，ヨイショ」と掛け声をかけます。〉のときに，いかにもつな引きをしているかのように，顔の表情と動作をより大げさにアクションします。

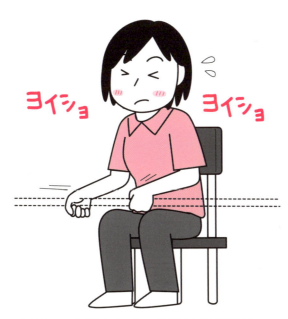

本当につな引きしている感じの表情で。

Ⅸ 元気が出る！やる気がアップする！

Ⅸ　元気が出る！　やる気がアップする！

㉕ バンザイ！

ねらいと効果
◎胸をストレッチします。
◎姿勢を保持します。

わかりやすい！やりかた＆スタッフによる説明のしかた

① 足を肩幅にひらきます。
② 背筋をピンと伸ばします。
③ 両腕を下げてカラダの横にします。
④ 両腕を上に持ち上げて，バンザイします。
⑤ **「バンザーーーイ」と，声に出してします。**
⑥ **胸も前に突き出すようにします。**
⑦ 手をおろします。
⑧ 全部で3回します。

足をひらいて，背筋を伸ばす。

両腕を上げて，声に出して「バンザーーーイ！」

安全のポイント

手があがらないときは，無理をせずにできる範囲でやりましょう。

〈目の不自由な人への言い方の極意〉

〈⑥胸も前に突き出すようにします。〉と言いますと，動作のイメージがより明確になり，運動効果がアップします。

〈耳の不自由な人への見せ方の極意〉

〈⑤「バンザーーーイ」と，声に出してします。〉のときに，大きな口をあけて，大げさにアクションします。

大げさすぎるくらいに，ニッコリ笑顔で。

Ⅸ　元気が出る！やる気がアップする！

おわりに
弱さを認める強さ

「自分はまだまだ元気だ！」
「ひとりでも歩ける！」
「他人の世話になんかならない！」

ある老人ホームで聞いた，男性シニアの話です。
その方は，何度も転倒とけがを繰り返したそうです。

社会学者の上野千鶴子さんは，著書『男おひとりさま道』（法研，2009）の中で，次のように書かれています。

「老いを受け容れるのはむずかしい」
というのは，別の言い方をすれば，
「弱者になることを受け容れるのがむずかしい」
と言ってもよい。
（中略）
「弱さを認める強さ」があれば，
「男というビョーキ」の大半は治る。

この話を読んで，ピンときました。
「男らしさ」という言葉があるように，男は強くなければいけない，という見方が昔から強くあります。

それが，老いを受け容れるのをむずかしくしている原因のひとつなのかもしれません。

でも，よくよく考えてみれば，これは，男性に限った話ではありません。

誰にだって，多かれ少なかれ，老いを受け容れるむずかしさはあります。

「弱さを認める強さ」は，そのむずかしさをやさしくする大ヒントです。

この男性シニアの場合も，**もしご自分の弱さを認められれば，ご本人の気持ちもぐっと楽になるはずですし，他人に対してもやさしくなれる**はずです。
そうすれば，支援する側からしても，もっと支援がしやすくなります。

どちらにとっても，ものスゴいメリットです。

カラダを動かすのは，弱くならないためでもあります。
でも，弱くなったときのことを考えて，弱さを受け容れる準備だけでもしていたいものです。

カラダのためにも。ココロのためにも。
それが，カラダとココロの健康です。

著者紹介

●斎藤道雄

体操講師，ムーブメントクリエイター。
クオリティ・オブ・ライフ・ラボラトリー主宰。
自立から要介護シニアまでを対象とした体操支援のプロ・インストラクター。
体力，気力が低下しがちな要介護シニアにこそ，集団運動のプロ・インストラクター
が必要と考え，運動の専門家を，数多くの施設へ派遣。
「お年寄りのふだん見られない笑顔が見られて感動した」など，シニアご本人だけで
なく，現場スタッフからも高い評価を得る。

[お請けしている仕事]
・体操教師派遣（介護施設，幼稚園ほか）
・講演・研修会・人材育成
・執筆

[体操支援・おもな依頼先]
・養護老人ホーム長安寮
・有料老人ホーム敬老園（八千代台，東船橋，浜野）
・淑徳共生苑（特別養護老人ホーム，デイサービス）ほか

[講演・人材育成・おもな依頼先]
・世田谷区社会福祉事業団
・セントケア・ホールディングス（株）
・（株）オンアンドオン（リハビリ・デイたんぽぽ）ほか

[おもな著書]
・『車椅子の人も片麻痺の人もいっしょにできる新しいレクリエーション』(黎明書房)
・『椅子に腰掛けたままでできるシニアのための脳トレ体操＆ストレッチ体操』(黎明書房)
・『超シンプルライフで健康生活』(黎明書房)

[お問い合わせ]
ホームページ：http://www.michio-saitoh.com/
メ ー ル：info@michio-saitoh.com
ファックス：03-3302-7955

＊イラスト・さややん。

目の不自由な人も耳の不自由な人もいっしょに楽しめる
かんたん体操25

2016 年 7 月 10 日　初版発行	著　者	斎　藤　道　雄
2016 年 8 月 15 日　2 刷発行	発 行 者	武　馬　久仁裕
	印　刷	藤原印刷株式会社
	製　本	協栄製本工業株式会社

発 行 所　　　　　　　　　株式会社 黎 明 書 房

〒 460-0002　名古屋市中区丸の内 3-6-27　EBS ビル　☎ 052-962-3045
　　　　　　　　FAX 052-951-9065　振替・00880-1-59001
〒 101-0047　東京連絡所・千代田区内神田 1-4-9　松苗ビル 4 階
　　　　　　　　☎ 03-3268-3470

落丁本・乱丁本はお取替えします。　　　　　ISBN978-4-654-07646-8
© M. Saito 2016, Printed in Japan